EDITORA **TRINTA ZERO NOVE**
damos voz às estórias

"Falar numa língua que o Homem entenda, significa chegar à sua cabeça.
Falar na sua língua materna, significa entrar-lhe no coração."

Nelson Mandela

# Koleka Putuma
# Amnésia Colectiva

Tradução de

Sandra Tamele

Poesia | (uni)versos 03

EDITORA TRINTA ZERO NOVE
Título **Amnésia Colectiva**
Título original **Collective Amnesia**
Autoria **Koleka Putuma**
Tradução **Sandra Tamele**
Revisão **Editora Trinta Zero Nove**
FotografiadaCapa **Andiswa Mkosi**
Capa e Projecto Gráfico **Editora Trinta Zero Nove**
Paginação **Editora Trinta Zero Nove**
Impressão **Editora Trinta Zero Nove**

ISBN: 978-989-9139-14-5
eISBN: 978-989-9139-32-9
Depósito Legal DL/BNM/710/2021
Registo 10471/RLINICC/2021


Originalmente publicado na África do Sul
Uhlanga, 2017
Manyano Media, 2020


Av. Amílcar Cabral, nº1042
Maputo
Moçambique
contacto@editoratrintazeronove.org
www.editoratrintazeronove.org

Segue-nos
editoratrintazeronove

# AMNÉSIA COLECTIVA

POEMAS DE

KOLEKA PUTUMA

Tradução de

Sandra Tamele

# ÍNDICE

Versões antigas de alguns dos poemas deste livro foram originalmente publicados nos seguintes livros e publicações: "montanha" no Mail & Guardian e em How Free is FREE? Reflections on Freedom of Creative Expression in Africa (Arterial Network, 2016); "água" no Daily Vox e no website da PEN South Africa; "júbilo negro" e "ressurreição" na Antologia do Prémio de Poesia Sol Plante/UE de 2016; e "entrevista" e "ai não, por favor! outro poema de estupro não, pelo amor de Deus" no Huffington Post South Africa.

As linhas 103-104 e 113-118 de "nada de Domingo de Páscoa para Queers" são citadas de "Yoncé", a primeira parte da canção "Partition", de 2014, co-escrita e interpretada por Beyoncé. As linhas 28-29 de "vinte e uma formas de partir" são citadas da canção "A Case of You", de 1971, escrita e interpretada por Joni Mitchell.

# AGRADECIMENTOS

A frase "**deves aos teus sonhos a tua coragem**" ocorreu-me enquanto me preparava para a digressão deste livro em 2017.

Desde então, Amnésia Colectiva foi traduzido para sete línguas e vendeu mais de dez mil cópias. viagem até à posse dos direitos desta obra e à republicação desta nova edição sob chancela da minha empresa, Manyano Media foi assustadora, emocionante e pedagógica. Houve pessoas que me deram a mão e aplaudiram enquanto testemunhavam este livro de poemas a mudar o panorama da poesia e da literatura na África do Sul.

Estou-lhes grata bem como à tribo de leitores que fizeram desta obra o que ela é hoje no mundo.

Para aqueles que continuam a alimentar-me com a sua coragem, sua vulnerabilidade, a sua erudição, o seu brilhantismo, a sua obra e suas vidas. Esta nova edição é possível porque me acompanharam nesta jornada de formas que me abriram para mais formas de ser e viver esta vida.

Para os meus pais.

Vocês são a melhor dádiva que o universo me concedeu.

# I. MEMÓRIA HERDADA

# CONTANDO ESTÓRIAS[1]

1 Como o meu povo recorda.
Como o meu povo arquiva.
Como herdamos o mundo.

# JÚBILO NEGRO

Apanhámos pelos pecados uns dxs outrxs,
apanhámos por sílabas e pela palavra de Deus.
*Antes de escurecer* significava *hora de ir para casa.*

O colchão da minha avó
conhecia pelo nome
o hálito matinal
de cada um dos meus
irmãos,
primos,
e filhos dos vizinhos.

Um único colchão estendido no chão chegava para todos nós.

Pão com manteiga iRama
enrolado em forma de salsicha;
descia com rooibos preto, nós não pedíamos queijo.

Nós ficávamos cheixs.

Meus primos e eu nos juntávamos em redor de uma grande tigela de umngqusho,
cada um com a sua colher.
Água açucarada completava a refeição.

Estávamos em casa e inteirxs.

Mas
não é curioso?
Que quando nos perguntam sobre infância negra,
só lhes interessa a nossa dor,
como se as partes-alegria fossem acidentais.

Eu, também, escrevo poemas de amor
mas
tu só queres ver a minha boca abrir-se rasgada em protesto,
como se a minha boca fosse uma ferida
com pus e gangrena
em vez de alegria.

# EM SEGUNDA MÃO

Em Janeiro,
aniversários são celebrados
com um balde de KFC, um bolo simples e Coca-Cola.
Aulas começam em Janeiro, então nem penses em dar festa;
se te deixassem convidar os amigos da casa ao lado,
tinhas sorte.

Mas mesmo com síndroma de Janeiro,
certificávamo-nos de não aparecer no primeiro dia de aulas
no nosso uniforme de Novembro ou tranças de Dezembro,
mesmo se ainda estavam em bom estado.
Tudo tinha de ser novinho em folha: cabelo relaxado ou rapado,
Tanta vaselina para suportar toda e qualquer intempérie.
Estávamos brilhantes e esperançosas.
Do quê?
Nós não sabíamos.
Do couro cabeludo às unhas dos pés, éramos novas.

O primeiro dia de aulas era sempre um concurso,
uma competição que demolia algumas carteiras em segredo.
Olhávamos de esguelha para sapatos da escola para ver se eram Toughee ou Buccaneer.
Os rapazes que calçavam Grasshhoppers eram mais mais de tão cool.
As raparigas que não aderiam à regra até ao joelho
eram delinquentes mandadas para o castigo.
O material escolar não estava completo até vir numa caixa Waltons.
Aprender só começava quando o caderno preto estava encapado em plástico e
algo colorido.

*Novo* marcava-nos, moldava o nosso comportamento e posturas.
*Novo* criava uma ilusão que alguns tinham mais do que exibiam.

Sacrifício abastecia.
Sacrifício se multiplicava miraculosamente perante o amor
ou a vergonha.

Venho de uma linhagem de multiplicação:
de maná do céu,
de dois peixes e cinco pães,
de água transformada em vinho.
também vim de uma linhagem de emprestado e emprestar.
O açúcar da vizinha era um boião aberto sem cobrador
de dívidas.

(às vezes) novo era um luxo,
era *impossível* remetido a Deus via oração.

*O irmão mais velho tem de vestir a camisola com cuidado*
*e só aos domingos,*
*será tua daqui a dois anos*
era o novo que me calhava (às vezes).

Meu uniforme escolar largo era uma conta poupança
em tecido.

Se estava estragado, podia ser reparado.
Se estava morto, podia ser ressurecto.
Se estava rasgado, podia ser costurado.

Se estava perdido,

*tu-vais-en-com-trar-por-que-di-nhei-ro-não-cres-ce-nas-*
*-ár-vo -- rees*!

*Novo* era sinónimo de abastado, mesmo se não fosse verdade.
*Novo* era um adjectivo para ansiedade.

A tensão entre *novo* e *segunda mão*
era como viver numa casa sem telhado
e esperar que não chova,
fazendo figas para que a tua Marca Branca não se note
nem falar ou despir em público.

O desejo por *novo* cultivava hábitos feios,
tecia desejos dentro de nós
que não conseguíamos exprimir pela imaginação.

Na nossa imaginação,
éramos corpos castanhos
vivendo como reis nas casas dos brancos.
Éramos super-heróis e modelos escanzeladas
de rostos brancos.
Pedíamos sobremesas que não sabíamos pronunciar
em sotaques alheios.
Estávamos em aviões com destino a qualquer parte

tirando de onde éramos.

Até a nossa negritude não era para o nosso bolso.
Éramos pobres a ponto de um *E se?* não ser para o nosso bolso?
Éramos quandos e comos e agoras
e estalidos de dedos para o garçom se despachar.

Novo
era
um
nó de forca
que
usamos
para
nos
cortarmos
da
realidade.

Herdei uma linhagem em segunda mão.
Fez de mim mecânica e ilusionista.
fez da minha conta bancária um balde furado.
imposto negro é a água.

Aprendi a dizer que o meu copo está meio cheio até quando está partido.
Também sei clonar-me.
Dar, mesmo quando não sobrou nada.
Tenho os restos de comida dos meus avós nos meus hábitos.

De onde eu vim,
Segunda mão não era sempre coisas materiais.
Uma sapatilha de seiscentos Randes na mesa de jantar
era a manifestação de uma fome nossa
que comida nenhuma saciaria.

Quando se é preto e pobre
e se aparece num sistema
que te olha como se fosses
sujo.
Barata.
Descartável.
Estragada.
Mão-de-obra.
Fala-te como se fosses em segunda mão.
Desgasta-te como se fosses em segunda mão.
Pisoteia-te como se fosses em segunda mão.
Descarta-te como se fosses em segunda mão.

Empobrecemo-nos para parecermos ricos.
Desbloqueamos 'riqueza' com empréstimos e dívida
e prestações e contas Foschini e notas
e um desejo constante de mais.
De melhor.
De novo.

O sistema põe-nos em barracas, num braço de ferro contra a síndroma e se eu morrer amanhã?
Põe-nos a rondar bairros de lata de Mercedes
Está sempre a mostrar-nos
o que não podemos ter,
quem não podemos ser,
e o que nos roubaram.

De onde eu venho,
segunda mão não era sempre por opção.

(às vezes) era tudo que havia.
(às vezes) era um amor que
dizia: *Está como novo, mal usei pensando em ti.*
Dizia: *Veste esta memória comigo.*
Dizia: *Não me saciarei se tu não comeres.*

(às vezes) segunda mão era um sacrifício que dizia:
*Estou aqui.*
*Não importa em que estado.*

# REINCARNAÇÃO

O espelho escarra-te de volta a tua avó.
O seu olhar determinado.
A sua boca catana.
A sua coragem uivante.

És a terceira-geração.
Messias.

# AVIOFOBIA

A tua mãe passa-te o telefone:
a tua avó diz *olá* numa velhice que
te faz lembrar que longevidade nem sempre significa vida.
A tua avó passa o telefone para as tuas tias e tios.
O telefone é passado aos teus primos
e aos filhos deles,
até os que não conheces.
As crianças passam o telefone para as paredes e sopa de abobrinha.
Alguém repreende. Alguém apanha. Uma criança chora.
Trocas a tua irritação pelo olhar de orgulho
que a tua mãe exibe no rosto.
A filha dela vai viajar.
A filha dela é alguém.
Atravessar oceanos é um feito,
até para quem fica.
A tua mãe gasta todo o crédito
a contar a toda a gente, *Ela está a embarcar*,
stressando e espremendo o nome do país
por uma ansiedade mais esguia que a tua.

As duas têm medo.
Tu tens medo de morrer.
Ela tem medo de te perder
algures entre o oceano
e o teu amadurecer.
E a seguir começam os acenos sem fim.
Pela porta de embarque.
Pela janela.
Pelo telefone.
Por um desconhecido
fora do teu controlo.

# CRESCER PRETA E CRISTÃ

O primeiro homem
que te ensinam a venerar
é um homem branco.

Depois vais para a escola aprender
a mesma coisa.

Nós não pestanejamos.
Nós perguntamos.

E é assim
em todo o lado.
Sempre.

O evangelho
é por ele que a brancura arromba as nossas casas
e obriga-nos a ajoelhar.

# CRESCER PRETA & MULHXR

vai ensinar-te
a acumular esqueletos,
a abafar teus gritos com fita adesiva e agrafos,
para que todos possam virar a página sem pressa.

numeração
é

mantida

às
custas

da tua sanidade.

se as tuas gavetas das calcinhas falassem,
elas sangrariam (juro).
almofadas teriam hemorragias em nosso nome.

a pena de sarar é esta:
convence-te que dor é melhor que crosta.

crostas levam as pessoas a fazer perguntas.

# NADA DE DOMINGO DE PÁSCOA PARA QUEERS

O Subúrbio Norte:

- É um Velho Testamento
- Uma jaula
- Igreja três vezes por semana
- Vinte anos a esconder quem e como amo
- Uma família que não posso envergonhar
- Um navio a naufragar cheio de Pedros que acreditam poder caminhar sobre água
- Não sei se dão poderes desses àqueles sem fé
- Ou àqueles que duvidam
- Ou àqueles que acumulam duas vidas num único corpo
- Corpos tão pesados que podiam afundar
- De tantos segredos que contêm
- Como ~~eles~~ nós não contamos a ninguém
- E não pedimos a ninguém para ajudar-nos a carregar uma cruz que ~~nos~~ cruza

No Subúrbio Norte:

- Sou uma sombra

- Um sonho deferido
- A filha de um pastor apaixonada por uma muçulmana
- Disléxica nesta língua em que amo
- Me excito
- Mas é sequer permitido excitar-me assim?
- A palavra é evangelho
- A palavra é uma prisão
- É uma cela sem grades
- É um tapete de orações que me costura os lábios
- E rala-me os joelhos
- Estou sempre nesta posição
- A implorar algo

No Subúrbio Norte:
- Sou o arrependimento

O Subúrbio Sul:
- É um Novo Testamento
- Uma licenciatura
- Um empréstimo que minha mãe pediu
- Uma expectativa que devo corresponder
- Coisas feitas no escuro a virem à luz
- Duas mulhxres a roçarem-se no banco de trás de um táxi entre uma discoteca em Green Point e a colmeia

- Uma boca sem fita adesiva
- Partilhar a sanita com um homem ou mulhxr ou elus
- O Sul é um choque
- É uma igreja diferente
- O porteiro é um bouncer
- Beyoncé e Rihanna a sacrificar corpos no altar
- Eternidade é a noite
- Comunhão são 28 Randes no bar
- Inferno é a possível estatística em que nos convertemos quando saímos deste lugar

Subúrbio Sul:

- É uma marcha
- É uma discoteca
- É um novo tipo de paranoia
- Um novo tipo de escondida
- Faixas e teoria substituem a Bíblia
- Eu distancio-me da marcha
- Também sempre me distancio da igreja
- Não quero aparecer em nenhum tipo de mídia
- Não quero aparecer num selfie com um arco-íris no fundo
- Escondo-me atrás de outro tipo de máscara

- Não tenho linguagem para falar sobre o que estou a descobrir
- Ou o que tenho estado a ocultar
- Só escrituras que denigrem meu o corpo
- Só escrituras que denigrem quem e como eu amo
- A minha boca esteve dentro do Alcorão
- Minha fé não foi a única coisa convertida

No Norte, minhas mãos se elevam em adoração.
No Sul, minhas mãos se elevam em protesto.

De qualquer forma, estou sempre a render-me.

O Norte diz que o meu corpo irá para o inferno.
O Sul diz que o meu corpo irá para o despejo.

Em ambos espaços, o meu corpo está à mercê dos homens.

***Subúrbio Norte:***

- Levítico 18:22: "Com homem não te deitarás, como se fosse mulher; abominação é."
- Leva a minha salvação ao pânico

***Subúrbio Sul:***

- LÉSBICA ASSASSINADA À FRENTE DA FAMILIA, NYANGA, C.T.

- Leva a minha sexualidade ao pânico

***Subúrbio Norte:***

- Levítico 20:13: "Ambos cometeram abominação; certamente morrerão; o seu sangue será sobre eles."

***Subúrbio Sul:***

- LÉSBICA ASSASSINADA AO SAIR DE TAVERNA, KHAYELITSHA, C.T.
- WhatsApp de uma amiga a perguntar se vou ao Zero21 esta noite
- WhatsApp da minha mãe a perguntar se já orei esta noite

***Sul***

- *See me up in the club with fifty-eleven girls, posted in the back, got my things in my grill*

***Norte***

- 1 Reis 14:24: "Havia também sodomitas na terra expulsos diante dos filhos de Israel."

~~Subúrbios~~

~~Sul~~

~~Norte~~

*Drop the bass mane, base get lower / radio say speed it up, I just go slower*
*High like treble / pumping on them mids / 1 Reis 22:46*
*And why ya think ya keep my name rollin' off your tongue?*
*Cause when you wanna smash, I'll just Romanos 1:26 another one*
*I sneezed some chapter and the beat got sicker*
*Yoncé ya'll 1 Timóteo 1:9-10 like liquor.*

ela tinha 24 anos / ela tinha 19 anos / ela tinha 25 anos / ela era queer / ela era hétero / ela estava na rua a altas horas / saiu na noite errada / a fazer-se de homem naquela noite / jeans maningue apertadas, saia maningue curta, uma sodomita / um pecado / uma pecadora / um acto pecaminoso / um facto / um número / um corpo / corpo sem vida / corpo lésbico sem vida / destino premeditado / uma oração tardia / ódio / ódio / tudo por causa do ódio / ela tinha 24 anos / ela tinha 19 anos / ela tinha 25 anos / ela era queer / ela morreu / eu podia morrer.

*Nos*
*~~Subúrbios~~*
*~~Sul Norte~~*

Eu empunho uma faixa/um livro de escrituras/um livro com posições sexuais para lésbicas/a criação/o sair do armário/o dobrar-se/os pecados/a salvação de corpos de mulhxr que me salvaram de esconder-me.

Eu agarro-me a meu pai/pai nosso/meu pai/pai nosso que estais no céu, que estais no meu condicionamento/ que estais nos meus lençóis/que estais enfiado bem no fundo da minha infância/
"Pai Nosso" é um mantra/um freio/um gaguejar num parquinho com miúdos maus/uma oração a avariar na minha boca lésbica/pai Nosso/meu pai é um estranho no púlpito.

Ele prega sobre nossos pecados/sobre crucificação/como nos pode salvar
Estou aborrecida/e com babalaza/e com tesão

Imagino-o, meu pai:

- A contar à igreja sobre o Sul
- A pregar sobre deuses que são crucificados por serem pecado
- De um Calvário onde a pedra em vez de ser afastada é empurrada para esmagar nossos corpos
- Ele prega sobre uma Deusa cujas mãos estavam atadas com calcinhas e os tornozelos com atacadores
- A cabeça e clavículas dela pregadas ao lugar de despejo por três balas

- Como em vez de dois ladrões ela foi crucificada com uma namorada que não podia escolher um paraíso
- Ele diz: alguns não lembrarão do Calvário de corpos queer
- Como esta crucificação é um evangelho nunca pregado
- Nunca mencionado
- Sem registo (muitas vezes)
- Que tipo de paraíso recebe de braços abertos corpos esventrados
- Quando o mesmo Jesus que morreu pelos seus pecados
- Quando o mesmo Jesus que morreu pelos nossos pecados considera-~~nos~~ ~~eles~~ ~~nós~~ ~~eles~~, considera-os pecado e desgraça
- Diz-me se Deus pode amar-~~nos~~ eles incondicionalmente e ser simultaneamente homofóbico?
- Quando for domingo, estes deuses permanecerão nas suas tumbas
- E a Páscoa virá sempre todos os anos para este Jesus de que ~~tu~~ ~~nós~~ eu falo
- E porque será que não há Domingo de Páscoa para corpos queer
- Quando lésbicas são crucificadas como Cristo?

O coro canta

*Só o sangue de Jesus me purifica, lava-me Senhor, limpa--me dos meus pecados.*

- Ainda imagino meu pai a pregar sobre o sangue de corpos queer
- Corpos lésbicos
- A última vez que estive na igreja foi quando saí de casa
- Eu purifico-me dos pecados de ontem à noite com sumo de uva
- Gostaria que a igreja servisse bolachas de água e sal com queijo
- Estou distraída
- Pergunto-me para onde irá o dinheiro do dízimo, se o ar condicionado ainda está avariado
- Levanto as mãos e salto bem alto
- Na esperança de não cheirar a Islão para a mulhxr ao meu lado
- Soneco e escuto minha namorada orar em árabe
- Imagino o coro a fazer Nae Nae no Beulah
- Pergunto-me se o Espírito Santo viria até nós se a glória e aleluia fossem no Sugarhut esta manhã
- Pergunto-me se o Espírito Santo é picuinhas quanto aos corpos que pedem sua presença
- Pergunto-me sobre a sexualidade do Espírito Santo

- Pergunto-me porque o Espírito Santo apresenta-se às pessoas sem o seu consentimento
- Pergunto-me se a igreja usa o Espírito Santo para nos violar e manter-nos amarradas
- Se uma lésbica tivesse abanado o rabo neste púlpito ontem à noite
- Meu pai estaria ali de pé, a acariciar o púlpito como se fosse a bainha das vestes de Jesus?
- Não sei dizer se a mulhxr em quem meu pai poisou a mão está a orar em línguas ou possessa pelo demónio
- (às vezes) as coisas de Deus soam e parecem tão violentas
- (às vezes) a mulhxr no coro soa como se estivesse a arder no inferno, quando só estão a pedir redenção
- Tento trazer meu corpo do Sul para o Norte
- Também tento fazer com que desapareça
- Baptizo-me com um evangelho que tento desfazer ou
- Fujo

Pergunto-me

- Se eu fosse assassinada amanhã,
- Meu pai pregaria sobre mim com a mesma paixão com que prega sobre a morte de um branco que ele nunca ~~conheceu~~ criou?
- Googlaria as outras mortes?
- Quero perguntar-lhe no carro depois da missa

- Pergunto-me se ele nota como a minha linguagem corporal mudou quando chegamos a Rondebosch
- Devias vir a Bellville mais vezes
- Com Bellville ele quer dizer igreja
- OK, virei
- Não falo sério
- O que eu queria mesmo dizer
- ou falar
- ou perguntar é:

Paizinho,

- Se eu fosse crucificada
- E atirada num túmulo por três dias
- E ressuscitasse como uma parangona
- Pregarias sobre mim?
- Dirias à congregação que foi o meu pecado que os provocou?
- Chamarias os meus assassinos de Fariseus ou covardes ou servos de Deus?
- Chamarias Judas a ti próprio?
- Como empurrarias a minha pedra?
- Pregarias sobre mim?
- E o que dirias?
- Ontem minha filha foi assassinada

- Ou ontem uma lésbica foi assassinada?

Paizinho,

- Pregarias de todo?

# NOTA DE RODAPÉ[2]

2 Alguns poemas aparecem para desfazer o teu silêncio.

# GRADUAÇÃO

Vais abandonar o ninho dos teus pais
Cultivar tradições familiares da tua infância
Vais perceber que nenhuma é nova nem tua
Vais trabalhar e mandar dinheiro para casa
Vais trabalhar e não mandar dinheiro para casa
Ganhar dinheiro vai garantir-te um lugar à mesa dos adultos
Contribuir financeiramente vai permitir que abras a boca à mesa dos adultos
Mas continuas a ter tento à mesa dos adultos
Quando regressares a casa
Vestirás papéis que já não te servem
Porque é mais fácil do que explicar
Teus pais vão envelhecer
Vais querer trabalhar mais duro para se poderem reformar cedo
Quando teus pais vierem visitar
Prepararás o quarto deles
E esconderás todas as coisas que eles provavelmente sabem ou suspeitam sobre ti
Tua mãe vai oferecer-se para ajudar na cozinha

A forma como pica cebolas está carregada de perguntas
Ambas não dominam como picar cebolas sem chorar
Picar cebolas desta forma é como se têm as conversas difíceis
Ambas aprenderam a dançar por cima de campas
Sem fazer luto do que está morto ou perdido entre vós
Eventualmente
Quando tua mãe pergunta
Onde deixaste as coisas que te deu
Virá uma vontade de dizer, *estou a desaprender tudo*
Mas desaprender não é um lugar ou destino de verdade
Vais optar por dizer que não sabes e desculpar-te por hábito
Vais perceber que perdeste algumas cenas entre amar e deixar teus amores
Vais perceber que teus amores também te deram coisas das mães delas
E que talvez *desaprender* devia ser um lugar
E toda mulhxr na tua família deveria reunir-se lá mais vezes
Até *desaprender* ser uma tradição para passar aos nossos filhos
Até picar cebolas não seja uma ocasião
Até saberem como abraçar-se uma à outra
Nos funerais e ocasiões inconvenientes
À medida que envelheces

Irás a mais funerais
Do que casamentos ou festas de 21 anos
Irás a mais chás de bebés do que a festas de aniversário
Nas reuniões de família
Tu e teus primos farão as coisas que as tias faziam
Os teus priminhos deixaram de ser bebés
Vão sentar e beber cidras contigo
Finalmente a falar coisas com sentido
O tempo terá criado pontes em alguns lugares
E derramado um oceano noutros
Os anciãos vão pedir-te para ajudá-los a entender o que fazes
*O que fazes* é outra forma de dizer *emprego*
Ao responderes
Eles vão abanar a cabeça a concordar com olhares confusos e lábios apertados
Depois respondem com *Sabes, no meu tempo...*
Os anciãos deixarão de te mandar sair da sala
Quando traumas de família mal resolvidos estragarem jantares
Quererás facilitar
Usando uma linguagem de luto que lhes é estranha
Vais perceber que os anciãos na sala

Aprenderam um alfabeto da mágoa e de coração partido diferente
Para ti, sarar soa como falar e transparência
Para eles é silêncio e enterrar
Provavelmente são todos válidos

E
Quando
Te dás conta
Que
Vir para casa
E
Ir para casa
Não significam o mesmo

# VIR PARA CASA

Só desta vez,
no teu escritório,
espapachadas entre os teus deadlines
fizemos amor como se perseguidas por lobos,
como se os lobos estivessem na tua secretária connosco,
como se os lobos estivessem nas nossas mãos,
circulando à volta dos nossos grelos
e a pingar-nos pernas abaixo.
Como se os lobos estivessem nas nossas bocas,
devorando toda carne e osso.

Eu não sabia como seria animal até me tocares.
Eu não sabia que vir também podia ser um acto de sobrevivência.

# VINTE E UMA FORMAS DE PARTIR

1. *Continuo a procurar por meu pai na tua boca.*
   *mas só o encontro quando te vais,*

   diz o primeiro verso do teu poema.

   Percebi que deveria permanecer ida para poderes encontrar teu pai.

2. Amei-te em cada uma das línguas
   que falo.
   Nas que sou fluente.
   Nas que gaguejo
   e naquelas sem dicionário.

   Sabíamos que tinha chegado a hora
   quando cada conversa precisava de legendas.
   E quando olhar para ti passou a ser ruído branco.

3. Estás a lavar a garganta com Pinotage fresco.
   Para mim teus hábitos tintos são blasfémia.
   *Conseguia beber uma caixa de ti, querida,*

*sem cair para o lado,*
cantas, pendurada ao contrário no sofá.
Eu digo, *eu sei.*

(Teu casamento é uma farsa.)

Apetece-me dizer,
*Deixa-o.*
Em vez disso pergunto,
*O que queres para o jantar?*

4. Não paraste de discar 10177 enquanto dormias ontem à noite.
Várias vezes quase caíste da cama.
De manhã dizes-me que sonhaste connosco
Não te conto
que te ouvi a tentares salvar o teu coiro
e que dormi entre ti e o chão,
a tentar fazer o mesmo.

5. Mulhxr como eu são feitas
De Jordão.
De Babilónia.
De Jericó.
De Jerusalém.

De coisas.
De lugares.
De histórias
Que não consegues desfazer
Ou riscar
Da noite para o dia.
Tem paciência comigo,
Amor.

6. Já tentaste atravessar uma ponte em chamas?

*Vem cá, faz amor comigo.*

Não sei outra forma de explicar,
a pergunta.

7. Aqui
está uma eulogia
a todas partes de nós que não sobreviveram.

Aqui
está o altar que erguemos dos nossos traumas.

Sagrado
é o sangue derramado no Calvário.

8. Calvário
foi meu corpo quebrado para ti.
Talvez
não nos teríamos afogado
se soubéssemos que o baptismo seria um turbarão
e nossos demónios um derramamento de sangue incontrolável.
Gritar ámen a este sermão
é como um salva-vidas a dormir no turno.

9. (às vezes) *Não* e *Adeus* são a mesma coisa.

10. Quero deixar de embelezar coisas mortas.
Meu amor não é caixão.

11. Quero deixar de
chacinar-me

e chamar-te
de sacrifício.

12. Uma vez,
amei alguém
com uma vida interior tão morta
que os vermes deitavam espuma pela boca

das estórias que podiam contar.
Aí
Aprendi que
ver uma pessoa respirar
não é sinónimo que ela esteja viva.

13. *Em caso de despressurização da cabine,*
*Máscaras de oxigénio cairão automaticamente.*
*Coloque-a sobre o nariz e a boca*
*ajuste o elástico em volta da cabeça*
*E respire normalmente,*
*Só depois auxilie a criança ou pessoa ao seu lado*

14. Sendo sincera,
Tenho pavor de amores que vêm sem bagagem.
De onde vens?
Onde embalaste as tuas cenas?
Onde as deixaste?
Porque não estão aqui?
O que tens a esconder?

15. És uma linda memória.
Esquece como acabou.

16. Teus olhos
(às vezes)
convencem-me de que a guerra
era cá fora.

17. Quando desligo,
Recordo-me quando,
tinha seis anos,
esfolei o joelho no bordo de um tijolo.
Recordo-me:
Do sangue a deslizar-me perna abaixo.
De correr para o hospital.
Dos pontos.
De esperar a ferida sarar.
De esperar que as pessoas parassem de fazer perguntas.
De esperar para tomar banho sem encolher-me.
De esperar que paranoia fosse de encontro a confiança plena de novo.
De esperar para correr por aí sem medo nem reservas.
Algo aqui me
faz recordar isso.

18. Conseguimos ser feias e más quando dói.

19. As trintonas.
Mulhxrs com pés de galinhas.
Mulhxrs que soletram solidão com ambição.
As trintonas.
Mulhxrs que não mencionam a tua idade à mesa de jantar.
Mulhxrs que mencionam teus galardões à mesa de jantar.
Mulhxrs que fizeram amor contigo
e te apresentam à mesa de jantar
como se não tivesses tido intimidade com teus lençóis.
foge, meu bem.
Não.
Na outra direcção.

20. Nem todo poema termina contigo.

21. Não vejo nada de romântico em tragédias.
Não acho que fingir de morta seja empoderador.
Nem bom para o meu ego, sequer.
*Amo-te.*
Mas
Prefiro continuar viva.

# AMOR[3]

3 Algumas drogas vestem o disfarce de programas de doze passos.

# TERRA PROMETIDA

Esta noite, este poema
veio espalhar minhas intimidades de quarto,
veio tocar Sam Smith em repeat e Adele em shuffle.

Hoje, não haverá maratona
de *Scandal* nem *House of Cards* nem *How to Get Away with Murder*.
Não cuspirei insultos na direcção da tua existência,
não haverá passeio no passadiço às tantas da madrugada,
não haverá escapatória.

Meus joelhos vacilarão
enquanto minha cabeça enfrenta o furacão,
meus pensamentos dançantes na tempestade de areia.
Eu sabia que vinha.
Ao contrário dos sobreviventes do Katrina,
Não arrumei minhas coisas e parti na direcção oposta.
Deitei-me ali, fazendo figas para não me varrer viva,
e foi o que aconteceu.

Hoje,
o espelho cospe todas minhas infecções.

Assisto a calamidade na primeira fila.

Esta noite,
este poema são as urgências.
A UCI é apenas para parentes próximos,
então liguei para minha mãe
e tudo que consegui balbuciar no coma foi
*acidente. acidente. meu coração meu coração. acidente.*

Esta noite,
Desligo a ficha para poder reaprender a respirar sozinha,
a sustentar minha própria coluna durante a paralisia.

Refaço meus passos para a sobriedade,
tentando localizar as coisas perdidas
entre
*olá,*
*amo-te,*
o milionésimo copo de vinho
e eu sair de casa.

Santo Deus! *Não me reconheço nesta discussão.*

Nesta estória.
Neste suplicar.

Neste exaurir-me.
Neste chão.
Dobrada no lavatório.
Acocorada na sala.
À espera de escutar o tilintar das tuas chaves.
À espera de escutar os teus saltos a tinir na porta.
Sempre à espera.
Nesta campa que julguei ser um lar.

*porque pessoas criam lares*
*e fantasmas habitam casas.*

Esta noite,
Reconheço as cicatrizes pós-traumáticas de rejeitar a mim própria.

Esta noite,
Purgo-te.

Não sairei à procura de pedaços de mim própria no nosso lar desfeito;
não tem lógica salvar cinzas num incêndio.

Esta noite,

Vou sentar-me e darei uma aula sobre meus limites caídos.
Minha ruptura suavizará seus bordos,
minha mente deve obedecer.
Conheço disciplina.
Ensinaram-me a fechar a porta quando saio.
E aprendi a trancá-la, sempre que me sentia insegura.

Ensinaram-me a resistir ao diabo.
Ensinaram-me a dizer ámen até quando discordo.
Ensinaram-me a juntar as mãos e clamar pelos céus.
Ensinaram-me a transformar pedra em pão.
Como levantar-me como Lázaro.

Esta noite,
ascenderei como Jesus,
caminharei sobre água como Pedro,
só para provar o peso da minha fé.
Não afundarei.

Duvidarei da chamada ébria que te fizer como Tomás.

Separar este maldito mar como Moisés;
nossos faraós que se afoguem.

Esta noite,
Vou levar-me aos pares.
Assim que tiver construído a minha arca,
o dilúvio não me levará.
A pomba desta vez não regressará.

Expulso-te como Lúcifer.
Trairei a minha luxúria como Judas.
Lavarei meu rosto cansado como Maria.
Entoarei cânticos a respeito como David.
Embora me tenhas pedido para confiar em ti como Caim,
Perdoar-te-ia se eu fosse Abel.

Por noites,
Estive perdida como o pródigo.

Esta noite,
Vim para ser encontrada como Josué.

Pensavas que isto fosse a Revelação,
mas é só o Gênesis,
amor.

O Êxodo acabou de começar.
Incluirei este Velho Testamento como Malaquias.

Folhear até Mateus
sabukeh, o novo chegou.
Vim para ser liberta como os Israelitas.
Ruímos como os muros de Jericó.
Tentamos reconstruir-nos como a Torre de Babel.
Mas desconseguimos porque falávamos línguas diferentes.

Eu perguntava,<br>Como correu o teu dia?<br>Tu ouvias expectativa.<br>Perguntavas,<br>Lembraste-te do leite?<br>E eu escutava falhanço.

Comecei sacrifícios como Abraão.

Eu estava na sarça ardente como a voz de Deus.

Esta noite,
Vim profetizar meus ossos de volta à vida como Ezequiel.

O Senhor é meu pastor, como dizia minha avó.
Conheço o caminho para casa como a filha do Pastor.
Escrevo sobre este lugar como Binyavanga.

*Merda, fugi do guião sagrado.*
*Pensando bem, tal como Biko, I Write What I Like.*

Pensei que seguia a verdade como os discípulos.

Esta noite,
Volto a mim em casa como se fosse Judá.

Aleluia à fornaça e a como não me tirou a vida.
Como Shadrach e Daniel
e
e
e
e
o outro gajo.

Nunca fui boa a decorar doutrina.

Foi por isso que vim embora.
Foi por isso que tive de vir embora.
Estava a começar a adorar-te como os Dez Mandamentos.
Memorizar-te como a Oração do Senhor.
Perder-me como Jonas.
E nunca fui boa a nadar,
nem sair da barriga de coisas.

Foi por isso que minha mãe teve de fazer força no parto,
Acho eu.

Mas
esta noite,
nado em direcção à costa, meu bem.
Deus enviou-me um salva-vidas

E
eu,

sou
a terra prometida.

# É ASSIM QUE SABES QUE ÉS DEUS

Todos teus traumas ajoelham-se e chamam-te Salvador.

# 2. MEMÓRIA SEPULTADA

# TERRA ADENTRO

É preciso ter força para fazer luto,
para desfazer-se,
gotejar coisas, pessoas
que nunca voltarão para ti.

Mesmo assim,
ensinam-nos
que luto é antónimo de força.

Quantas de nós vimos nossas mães chorar
o tipo de choro
que te
encharca as costuras,
afogando em água salgada,
braços a abanar por ajuda.

Do tipo
que regateias
para te deixar ir
com vida.

# ONLINE

Não existem protocolos para entrar em contacto:
Não partilhes um meme do teu ataque de pânico nas redes sociais.
Os teus 3456 amigos não sabem da epilepsia que veio antes,
da força de vontade que levou pegar no telefone e dizer à tua mãe
que hoje, foi duro.
Estás dorida em todos os sítios que não dá para veres nem para pores ligadura.
Em todos os sítios que não sararam na tua linhagem.
Não postes um selfie da tua auto-mutilação.
Deus te livre que o teu status revele que estás perdida ou em ruptura.
Ninguém vai comentar sobre como o teu tumor está tão cru e quase a sarar.

Os teus 3456 amigos não sabem quanto o teu trauma vem lá de trás.

# NO CEMITÉRIO

Enterraste-te junto com o caixão,
tudo que tua espinha queria era
ser
baixada
bem
lentamente,
tal como tua amada.

A terra parecia mais firme do que tuas mãos.
A terra não te levantou o olhar de pena como os olhares deles.
A terra não abanou tudo que sustentava.
Nem mesmo os fantasmas que enterrou.
Nem mesmo com todos os estranhos que precisavam ficar quietos.
Não se abalou. Como a tua fé.

As pazadas de areia,
marcadas por flores murchas,
lembram-te que campas também são tumores,
engessados por lápides e datas.

Há outro enterro não muito distante de ti.
Dá para ouvir os gritos e cantos.
Não conheces a família nem a falecida.
Mas quer estivesses lá ou aqui,
continuarias vestida de preto
de cabeça baixa e areia no punho fechado,
cercada de homens que não choram
e mulhxres a rebolar na areia
sem ninguém que as segure
como se luto fosse contagioso
e mortal.

# NA IGREJA

O pastor não menciona
que mágoa não tem cura,
que não dá para apresentar um raio-X da dor,
onde e como doi.
Que (às vezes)
a cama não te cospe para fora dela de manhã.
E (às vezes)
só consegues r
e
s
p
i
r
a
r
de cortinas fechadas.

E tudo:
Fazer papinha.
O lavatório.
A chaleira.

As paredes. O

chão

vai gritar,

*Foge.*
*Foge.*
*Foge.*
*Foge.*
*Foge.*

E quando gritar,
agarra-te.
Não importa a quê.

# NA CASA

Fazer chá compensa a falta de conversa quando as visitas chegam.
E vão deixar de vir, quando o período de luto passar (para elas).

Aquelas que não têm linguagem para te confortar
Só falam sobre o tempo.

Tempo é uma coisa engraçada.

Não tem peito para esmurrares com raiva.
Nem braços para te segurares quando sentires o chão a teus pés
Desaparecer e engolir-te ao mesmo tempo.
Tempo só faz meio caminho.
Na verdade deu-se um avanço para nos encontrar na
linha
da chegada.

Já chegou.
E já partiu.

# EM PÚBLICO

Faz teu luto baixinho.
O mundo não quer escutar a tua morte.
Especialmente quando é quem empunha o revólver.

(teu silêncio soa maningue alto para este sítio ruidoso)

És um tumor.
Dá para sentir
pela forma como traçam a tua perda com o franzir dos seus olhos e condolências.

Seus murmúrios fazem-te sentir como algo a crescer nos sítios errados,
uma coisa para ser removida para poderes ser dissecada ou ignorada.

Feridas abertas deixam as pessoas pouco à vontade (sabias).

---

# NA CASA DE BANHO

O peso no teu corpo não tem prazo de validade nem nome.

O colapsar

implora-te que lhe chames

perda.

# NA COZINHA

(às vezes) ficas ali especada.
Num canto.

No centro.

De olhar fixo e dentes cerrados,
agrafando teus pensamentos uns aos outros.
Ensaiando como dizer,

*Estou bem*

para o caso
de alguém ligar e perguntar,

*Como estás?*

# NO LIMBO

És irregular.

Pendurada
a meio caminho
entre
o
fim
e
uma
[saída de emergência].

---

# EM TRABALHO DE PARTO

*Não é estranho que*
*a maternidade tenha todos estes posters*
*preparando-te para começar esta vida nova*
*com este humano recém-nascido,*
*mas nenhum poster ou brochuras*

*preparando-te*
*para quando este parte ou morre.*

# NAS URGÊNCIAS

Coisas que não contas à família:

O teu casamento foi um aborto espontâneo.
Ele quase te matou.

Mas ficaste
*por causa dos filhos*,
disseste.

Coisas que fizeste para tentar salvá-lo:

1. Ataste os cordões umbilicais dos teus fetos mortos
   à volta de um homem que nem sequer estava lá a segurar-te a mão na
   sala de parto

2. Deste nomes aos teus filhos mortos numa tentativa de ressuscitá-los

Coisas que os médicos tentaram dizer-te:
1. A anestesia vai passar
2. Não podes limpar uma ferida complicada com charro e negligência

# 3. Corta o cordão umbilical

# INSÓNIA

Ontem à noite,
reténs cadáveres na tua garganta,
maningue assustada para abrires a boca
e entornar os mortos.

As saudades que tens deles.
Como é tão injusto. Como nenhuma de nós compreende.

Deslizas o dedo por fotografias de pessoas que estiveram aqui
e deixaram de estar.
Que piada. Piada de mau gosto.
Pensaste.
A música está maningue alta onde estás.
Pelo menos a gente parece feliz.
Perguntas-te quantas pessoas ali retêm cadáveres nas suas gargantas,
tentando afogar as mágoas com veneno e dança.
Tu estás lá e não estás.
Tu lês os artigos de novo.
Tu vês as fotografias de novo.

Tu estás entre a auto-tortura
e tentar perceber o sentido de coisas que não podes mudar.
Estás enjoada e cambaleias.
Os cadáveres são maningue pesados.

É isto que significa viver dentro de uma mortuária
com um tapetinho de boas-vindas escrito
"alegria".

Aqui,
os mortos vêm visitar bêbados,
esmurrando a tua porta,
cantando karaoke na tua varanda,
balbuciando saudades tuas
e pedindo perdão por terem partido.

E é assim que te puxam para baixo,
eles tiram-te as palavras pelos olhos
e estragam-te a noite inteira.

# INDULGÊNCIA

mãe ensina tua filha
que luto
que se solta
no meio de uma autoestrada movimentada
não é loucura

quando a tia tal-e-tal
corre desenfreadamente no cemitério
não digas
*tua tia é maluca*

quando tua filha perguntar
o que se passa com tua irmã mais velha

diz
*nada.*
diz-lhe
é normal
*sentir saudades do que se foi*
*estar tão furiosa*
*e perdida*

*sem saber o que fazer consigo própria*

diz
*um dia*
*tu vais entender*

# EM DÍVIDA

Penso
Deus deve pagar um valor absurdamente alto no médico.

Pergunto-me quanto deve custar para nos manteres vivxs
quando o mundo inteiro precisa da nossa sanidade.

---

# INDEX

Penso
Toda vez que alguém morre,
Deus comete suicídio.

Penso que também Deus sofre de impulsos suicidas.
Quer dizer, qual é a dele com tantos

acidentes
            e guerras
                        e calamidades naturais, afinal.

A não ser que Deus esteja mesmo fulo.
Ou desastrado.
Ou mau.
Ou velho e esquecido.
Ou ocupado.
Ou amargurado.
Ou **Hulk** na forma de espírito.
Ou uma criança a aprender a andar.
Ou um adolescente a tentar tirar sentido desta merda.
Ou um artista a recriar o seu trabalho do zero.
Ou em coma.

Eu também me suicidaria.

Mas eu gostaria que Deus deixasse um
bilhete
às vezes,
explicando-nos
porquê.

# SUICÍDIO[4]

4 Nem toda a gente pode dar-se ao luxo de viver de respirar.

# 3. PÓS-MEMÓRIA

# MEMÓRIAS DE ESCRAVX & PESSOA QUEER

Não quero morrer de
mãos ao ar
nem
pernas abertas.

# ENTREVISTA

P:
Porque te foste embora?

R:
Cansei-me
de ser o caixão na sala
de ter outros caixões enterrados garganta abaixo e de me perguntarem se estava a
respirar bem?
de ter lápides enterradas narinas abaixo e de me perguntarem se estava a
respirar bem?
de transladar notícias de lésbicas assassinadas e espectarem que consiga
respirar bem
da espectativa de existirmos como obituários
de sermos penduradas a meia haste e espectarem que consigamos respirar bem
de escreverem sobre mim como se já estivesse morta.

Homens pretos e mulheres brancas
sempre escrevem sobre mulhxres pretas

como se já estivessem mortas.

Parece que o mundo
desconhece como é de verdade
uma mulhxr preta a caminhar
ainda a respirar.

P:

Porque sempre assassinas nossas narrativas com o teu olhar?

Porque sempre sequestras nossas narrativas com o teu olhar?

Porque sempre tentas assassinar-nos com o teu olhar?

R:

# FARISEU

*substantivo*

1. as mesmas mãos que te constroem um pedestal
   também são capazes de construir uma cruz para crucificar-te.
2. pessoas, também podem ser parasitas.

# ENSINAMENTOS

*transparência* (s): uma arma usada para exorcizar uma linhagem de silêncio.

*conversa* (s): um medicamento para curar anos de silêncio.

*escrita* (s): uma doutrina usada para livrar-nos dos males de silenciar.

*partilha* (s): uma ferramenta usada para desmantelar um comportamento aprendido de sofrer sozinhx em silêncio

*publicar* (v): um manguito ao apagamento e silenciar de mulhxres como eu.

arquivar (v): um FODA-SE ao cânone.

# SOBRE SOLIDARIEDADE NEGRA

1.
- Solidariedade negra não inclui fazer minha espinha de capacho
- Para te poderes levantar ou ter força de carácter.
- Solidariedade negra às custas de qualquer coisa de uma mulhxr negra, é uma farça, um roubo.
- O tipo de violência que retalham em riso na esquadra e repassam à tua frente para certificar que apanhaste a piada.

2.
- Podes impor a tua posição sem negar a minha presença.
- Podes ganhar espaço sem tornar-me invisível.

3.
- Como assim a tua revolução sempre quer ir vasculhar a minha roupa interior?

4.
- Nós não podemos mais guardar teus segredos e fragilidade.
- Nós não podemos ocultar o sangue nas paredes e apresentar como se não estivesse nas tuas mãos.

5.
- Chamas-nos de vendidxs e feminazis quando exumamos os fundos das tuas relações de poder.
- fanon e biko da tua boca soam a veneno.
- Não sei dizer se estou a partilhar pão ou a ser envenenada.
- Como assim referências à tua revolução limitam-se apenas a biko, fanon e malcolm?
- Tu lês?

6. 
- Tua solidariedade, parece, está ancorada a diminuir a luta das mulhxres negras.
- Diz-lhe para esperar.
- Diz-lhe para parar de dividir os pretos.
- Diz-lhe que a revolução não precisa de toda essa ousadia e ruído feminista.
- Diz-lhe que nem todxs vocês são assim.
- Diz-lhe para empunhar o cartaz.
- Enquanto empunhas o megafone.
- Transformas nossas sombras em recalque e chamas-nos corajosas por conseguirmos aguentar a pressão.
- Temos de entregar-te nossos rostos e vaginas para jogares ténis, para fazeres delas telas.

7.

*Mostra-me um rapper a quem possa confiar*
*os ouvidos do meu filho.*

*Mostra-me uma letra a quem possa confiar*
*a imagem da minha filha.*

8. 
- Queres corpos de mulhxres negras na linha.
- Não na linha da frente.
- Apoias interseccionalidade.
- Mas não às custas dos teus elogios e visibilidade.

9. Termos e condições da tua solidariedade:
   - Nada de feminismo
   - Feminismo limitado
   - Nada de feminismo que exponha patriarcado
   - Nada de feminismo que perturbe patriarcado
   - Só feminismo que aparece com pompoms
   - E canções de luta
   - Não se esqueçam das canções de luta
   - E silêncio
   - Não tragam vossas políticas
   - Não é sobre política
   - Tua política

10. - Qual é o sentido da liberação e de reivindicar terra dos negros se nenhum de nós vai estar aqui para receber?

11. - Parem de fazer nossos corpos de cemitério.
    - Não vim aqui para morrer
    - Nem para ser um sacrifício
    - Para ti.

# SALVA-VIDAS

Kimberlé Crenshaw
Audre Lorde
Angela Davis
Margaret Ekpo
Zethu Matebeni
Ellen Kuzwayo
Miriam Tlali
Funmilayo Ransome-Kuti
Funeka Soldaat
Bessie Head
Asanda Benya
Zukiswa Wanner
Pumla Dineo Gqola
Phillippa Yaa de Villiers
Mwenya Kabwe
Kwezilomso Mbandazayo
Winnie Madikizela-Mandela
Simamkele Dlakavu
Sandile Ndelu
Myesha Jenkins

Amy Jephta
Kealeboga Mase Ramaru
Chuma Sopotela
Mary Hames
Lesoko Seabe
Gcina Mhlope
Toni Stuart
Lebo Mashile
Wanelisa Xaba
Miriam Makeba
Danai Mupotsa
Shailja Patel
Shelley Barry
Barbara Boswell
Safia Elhillo
Vuyelwa Maluleke
Shose Kessi
Milisuthando Bongela
Makhosazana Xaba
Pontsho Pilane
Kumkani Siwisa
Thenjiwe Mswane
Tsitsi Dangarembga

Stella Nyanzi
Lady Skollie
Mamela Nyamza
Buhle Ngaba
Ijeoma Umebinyuo
Ngwatilo Mawiyoo
Maneo Mohale
Vangile Gantsho
Buhlebezwe Siwani
Khanyisile Mbongwa
Malika Ndlovu
Lindokuhle Nkosi
Momo Matsunyane
Nala Xaba
Zethu Dlomo
Kitty Moepang
Boitumelo Motsoatsoe
Letta Mbulu
Zora Howard
Fezi Mthonti
Danielle Bowler
Kia Corthron
Yrsa Daley-Ward

Nolufefe Ntshuntshe
Mohale Mashigo

vão dizer que isto não é um poema
e eu direi que têm razão:
não é.

é um salva-vidas.

cada nome
é um evangelho silenciado nos meus ossos.
cada nome
canta
miúda Negra –
Vive!
Vive!
Vive!

# NA SALA DE AULAS

Alunx quer saber:
Porque há mais pretos nas barracas e igrejas
Do que nos museus ou monumentos?

# HERANÇA

Não te conheço
Quando estás bêbadx
Ficas uma desgraça
Quando estás bêbadx
És areia movediça
Quando estás bêbadx
Transformas-te em alguém diferente
Quando estás bêbadx
Transformas-te em algo diferente
Quando estás bêbadx
Tens de discutir assim
Quando estás bêbadx
Tens o hábito de te transformares em coisas inflamáveis
Quando estás bêbadx
Porque queres incendiar-te todx
Quando estás bêbadx
És um perigo
Quando estás bêbadx
És exaustão
Na beira de uma ponte

Na beira de uma plataforma
No meio da autoestrada
Quando estás bêbadx
Tuas mãos são forcas
Quando estás bêbadx
Não te lembras do caminho de casa
Quando estás bêbadx
Dormes no teu vómito em casa dos outros
Quando estás bêbadx
Transformas as casas dos outros em asilos
Quando estás bêbadx
Tudo no teu corpo transforma-se em exílio
Quando estás bêbadx
És a fotocópia do teu pai
Quando estás bêbadx
Falas sempre sobre como odeias o teu pai
Quando estás bêbadx
Eu nunca conheci o teu pai
Mas conheço-o
Quando estás bêbadx.

# AI NÃO, POR FAVOR! OUTRO POEMA DE ESTUPRO NÃO, PELO AMOR DE DEUS

## PREFÁCIO

*algumas mães acendem as filhas para manter os seus homens quentes.*
*e alguns familiares preferem descrever o fumo a cheirá-lo.*

## INTRODUÇÃO

- às vezes [inferno] é um pénis
- às vezes [miúdas] arrependem-se só para se salvarem do encontro com o diabo
- às vezes [tio] é um namorado. um desconhecido. um teste que fazes vezes sem conta, mas sempre chumbas
- às vezes [tio] é uma sirene em algumas salas de visitas
- às vezes [tio] é um ar condicionado que todos têm preguiça de ajustar ou desligar
- às vezes não se deixam [as filhas] sozinhas com ele
- mas [ele] não é, sequer, banido dos encontros de família
- às vezes [danos colaterais] é outra forma de dizer:
- sou covarde

# CORPO

muitas coisas são culturais. como:

- oppikoppi
- nike
- teatro
- afrikaburn
- igreja
- topzinhos

às vezes [estupro] é posto na mesma frase que:

- alegadamente
- consentimento
- cultura

cultura de estupro
um termo que faz cada acto parecer

- algo que podes vestir ~~(voluntariamente)~~
- ou lavar
- ou despir
- ou deixar na lavandaria
- ou comprar bilhetes para assistir
- ou uma experiência que te anima a tuitar
- ou um meme que viraliza

- ou algo que os brancos não vêm a hora de apropriar
- ou um charro passado num luau
- ou sal à mesa do jantar

## CONCLUSÃO

- garfos a raspar pratos vazios é uma banda sonora para a entrada desse tio
- ninguém quer lavar a loiça até o segredo escapar
- as mulhxres na família preferem labutar na cozinha a crucificar os maridos ou irmãos ou filhos ou anciãos respeitados
- (às vezes) inferno também arde entre suas coxas
- (às vezes) já não encontram salvação nos seus votos
- mas o evangelho ensinou-lhes a ficar
- mesmo quando é o diabo quem promete eternidade
- é mais fácil responsabilizar a [criança] por uma "mentira" do que responsabilizar o [tio] pela verdade
- as [crianças] brincam às escondidas e encontram coisas de adulto em quartos proibidos
- a [família] não está interessada nos pesadelos que terão daí em diante

porque

- ninguém quer consoada com esqueletos

- e, afinal de contas
- as [miúdas] foram avisadas
- escondidas é para pagãos
- e a essas horas [miúdas] não tinham nada de estar lá fora a brincar com ~~homens~~ rapazes

## ADENDA

algures, um suspiro ruidoso termina isto com
*ai não, por favor! outro poema de estupro* não, *pelo amor de Deus.*

## LISTA DE REFERÊNCIAS/BIBLIOGRAFIA

- Convívios no Natal
- Patriarcas
- Tio Tal-e-Tal
- Namorado #6
- Inyamezelo
- Imbokodo
- Provérbios 31
- Irmã Bettina
- Dalila
- Solidariedade Negra

- Apologistas
- Esconde a tua roupa suja dos vizinhos
- Síndroma bazonthini abantu
- Foi aquele colégio de branco Modelo C (que te mandamos)
- #NakedProtests
- Sjamboks
- Vaginas com sinais de emergência
- Minissaias
- Miúdas bêbadas
- Campus
- Putas
- Twerking
- Putices
- Putas no geral
- Baile de finalistas
- Servir água àquele tio
- *Abraçar tio*
- *Cumprimentar tio*
- *Deixa de tolices*
- *Deixa de ser antissocial*
- *Dá um beijo ao tio*
- *Senta no colo do tio*

# CONSOADA COM ESQUELETOS

O teu perpetrador tem os olhos do teu tio
e o seu hálito de aguardente barata.

Quantos abortos caíram da tua boca
enquanto contavas os homens da tua vida?

Loucura, também tem lugar à mesa do jantar,
dizer as graças com um olho aberto.

# ENTERRO

Enterrarmos uns aos outros à vez, entusiasmados por estarmos debaixo do peso da areia com os nossos fatos de banho, só com as nossas cabecinhas a espreitar por cima. Quem fazia de mãe do defunto chorava histericamente. Todos nós queríamos ter a oportunidade de fazer de mãe do defunto, para podermos soluçar dramaticamente e atirar os nossos corpinhos sobre a areia e o caixão de conchas. O defunto ressuscitava sempre de tanta gargalhada, e todos nós rimos durante o cortejo. No funeral, éramos tias e tios, primos e vizinhos há muito desaparecidos que não iam a casa há anos. Discutimos sobre quem seria o guardião dos castelos que construímos. Os que não recebiam quotas de propriedade faziam birras e deixavam de brincar e iam nadar ou apanhar conchas, ou construíam as suas próprias casas. Nessa altura, adquirir um terreno era fácil. Ser proprietário de algo que se tinha construído era simples. O castelo demolido pelo mar era algo que lamentávamos e esquecíamos de manhã. Abrir mão do que acreditávamos pertencer-nos era fácil nessa altura. Regressar a casa, como tias, tios, primos e vizinhos há muito desaparecidos, não era complicado nem carregado de anos de perguntas sem resposta. Falámos sem nos engasgarmos. Falávamos sem o peso do luto ou das responsabilidades. Os caixões podiam ser desmontados. Morríamos e ressuscitávamos. Éramos frágeis e imortais. Brincávamos de Deus. Vínhamos e íamos quando queríamos. A vida e a morte eram na altura um jogo para o qual tínhamos um controlo remoto.

# ÁGUA

A memória de ir à praia nas vésperas de Ano Novo,
é algo que partilho com os meus primos e com a maioria das pessoas criadas Pretas.
Os mais velhos proibiam-nos de ir para o fundo
de rirmos, de chapinharmos nos nossos collants pretos
e nos sacos de plástico da Shoprite enrolados nas nossas mechas novas,
proibiam-nos de apanhar ondas
com medo de sermos uma massa de negrume arrastada pela maré
e nunca mais voltarmos,
como lixo.
Os mais velhos proíbem-nos como se o oceano tivesse uma intoxicação alimentar.
Muitas vezes pergunto-me porque é que me sinto como se estivesse a afogar sempre que olho
          para o mar,
isto e sentir-me incrivelmente pequena.
E ouço muitas vezes esta piada
sobre Preto não saber nadar,
ou ter medo da água.

Somos gozados
e muitas vezes gozámos nós próprios
por limparmos a cara como fazemos quando saímos da água.
Compara a como eles fazem, todos tipo *Baywatch*,
a como nós tão tipo rasca com nossas posturas e crespos.
No entanto toda vez que a nossa pele mergulha,
é como se os juncos se lembrassem de que já foram correntes,
e a água, inquieta, desejasse vomitar todos os escravos e navios
          para a costa,
inteiros como tinham embarcado, navegado e naufragado.

Foram as suas lágrimas que tornaram o oceano salgado,
é assim que as suas íris ardem toda vez que mergulhamos.

Todos
16 de Dezembro,
24 de Dezembro,
31 de Dezembro,
e 1 de Janeiro,
nossa pele re-traumatiza o mar.

Gozam connosco

por não sermos capazes de nos atirarmos a algo que foi instrumental
na tentativa de executar a nossa extinção.
Para vocês, o oceano é para pranchas de surf, barcos e bronzeados
e todas as coisas fixes que fazem lá em baixo com os vossos fatos de banho e óculos de mergulho.
Mas nós,
Viemos aqui para sermos baptizados.
Viemos aqui para agitar o outro mundo.
Viemos aqui para nos limparmos.
Viemos aqui para conectarmos nossos vivos aos mortos.
O nosso respeito pela água é o termo que vocês chamam de medo.
Que audácia, vender e assassinar-nos pela água
depois gozar connosco por termos medo dela.
Que audácia, chegar pela água e invadir-nos.
Se esta terra era de facto vossa,
então ressuscitem os ossos dos colonizadores e usem-nos como bússola.
Depois deixem de usar corpos negros como guias turísticos
ou como local para a vossa experiência africana autêntica.
Não estamos cansados de dançar para vocês?
Girando e cantando conforme a deixa?

Não estamos cansados de nos reunirmos como uma massa de negritude
para expiar o facto de estarmos aqui?
Rogar a Deus que nos salve de uma guerra que nunca começámos.
Marchar por uma causa causada pela intolerância da nossa existência.
Mãos ao ar para não levarmos tiros.
Mãos ao ar na igreja para rogar por protecção,
e, de mãos ao ar,
aqui também levamos tiros, na mesma.

Invasão é natural para o nosso povo.

Com que então vieram roubar-nos os nossos locais de culto, também.
Vieram assassinar-nos nas prisões, também.
Isso também não é novidade.

Há maningue brancos a fazer de Deus.
Há maningue brancos a fazer o trabalho de Deus.

E esse Deus deles dá-me nós na barriga.
Ele e eu sempre tivemos uma relação complicada.

Esse Jesus de olhos azuis e cabelo louro que eu seguia na Catequese
fez gente da minha laia curvar-se perante um céu branco e patriarcal,
curvando-se a um Cristo, filho dele e, 12 discípulos.
Tanto quanto sabemos,
os discípulos bem podiam ser queer,
a Santíssima Trindade um tipo de triângulo amoroso esquisito e perverso
e o Espírito Santo transgénero.
Mas vocês só vão escolher compreender as escrituras que servem à vossa
agenda.
Tomaram a liberdade de colonizar o conceito de Deus;
deram a Deus um género, uma cor de pele
e um nome numa língua que nos torce as bocas.
Blasfémia é embrulhar a escravatura no evangelho e chamar-lhe liberdade.
Blasfémia é ter de ver gente da minha laia usar o mesmo evangelho para se escravizarem
uns aos outros.
Desde os tempos de Elias, arquitectaram-nos para ajoelhar-nos perante a brancura,
e nem sequer sabemos se os tempos de Elias existiram,

porque quem quer que escreveu a Bíblia não nos incluiu.
Mas eu preferia existir nesse livro sagrado sem Deus
do que nos livros de história que não dizem a verdade.
Sobre nós.
Para nós.
Em nosso nome.
Se tinham mesmo de escrever as nossas histórias,
então deviam tê-lo feito nas línguas das nossas mães,
aquelas que cortaram quando lhes impingiram uma língua nova.

Nunca consentimos.
Mas pedem-nos para jantar com os opressores
e servir-lhes perdão.
Como,
quando os únicos ingredientes que tenho são mágoa e raiva?

Mais umx (da minha laia) morreu hoje.
Mais umx (da minha laia) foi assassinadx hoje.

Que seja tema de conversa à mesa
e todos nós a seguir lavemos esta refeição amarga com amnésia.

E depois disso vamos nadar.
Só por gozo.
Só por gozo.

# 1994: UM POEMA DE AMOR

Quero alguém que vai olhar para mim
e amar-me
da forma como os brancos olham
e amam
Mandela.

Alguém que vai agarrar-se à minha memória
da forma como os brancos se agarram ao legado de Mandela.

Umx amadx que construa Robben Island no meu quintal
e me convença de que tenho um jardim
e ar fresco, um arco-íris e liberdade.

Umx amadx muito TRC.

Não sabes o que é amor
até te amarem como a Mandela.
Não sabes o que é traição
até te amarem como a Mandela.
Não sabes o que é foderem-te

até te amarem como a Mandela.
Não sabes o que é msunery
até te amarem como a Mandela.

E este é um dos muitos resíduos da escravatura:
ser amado como Mandela.

# MONTANHA

O sol
Goteja-me a base rosto baixo até a clavícula;
Esta caminhada perdeu toda a graça e graciosidade.
Circulamos partes de Namaqualand há mais de vinte minutos
Tentando localizar o princípio da montanha
Ou o seu ponto de entrada.
Toda a entrada (que vemos) está vedada.
Os cães ladram mal vêm nossas pegadas,
Os cães querem saltar a vedação,
Os cães olham na defensiva.
Sinto-me na defensiva,
Sinto-me pronta para lutar,
Barricada contra uma luta que ainda não vejo,
Mas rapidamente prevejo
Quando a velhota branca de pijama me vira as costas com o seu Afrikaans
E diz, *Vocês entraram em* ***propriedade privada****...*
Questiono o porquê de entender o ela me disse
E a montanha que ela chama privada.
*Não podem subir a montanha sem passar pelo meu terreno,*

Diz ela.
Pergunto se ela é dona da montanha
E ela responde que é dona da terra.
Namaqualand?
Penso que ela implica que construiu a montanha,
Erigiu-a pedra a pedra,
Imaginou a sua existência antes do seu nascimento.
Acho que ela me está a dizer que
Eles, também, são donos das montanhas.
E eu juro
*Não estou a tornar isto racial, não levo a peito.*
Trata-se apenas da montanha *dela* em Namaqualand.
Trata-se apenas de propriedade privada.
No caminho da nossa liberdade está a propriedade privada,
Em como tux parceirx obsessivx acha que és sua propriedade privada,
Em como o teu corpo é propriedade privada,
Em como propriedade privada foi linchada e vendida nos tempos.
Não leves a peito, esta coisa de propriedade privada.
Pura e simplesmente não te pertence.
Não foi construída (pelos teus antepassados) para ti.
Estás proibidx de entrar,

Estás proibidx de pisar
A menos que sejas empregada ou babá ou jardineiro ou adoptadx,
Ou uma barata a chocar contra as coisas quando apagam as luzes.
Meus amigxs (quando ouviram esta estória) gozaram
Que o céu, também, será propriedade privada.
Acho que
Não vais conseguir ir para o céu
A menos que sejas servo de Deus,
E, claro, gente da minha laia não pode ir a lugar nenhum
Ou herdar seja o que for a menos que incorporemos papéis de servidão.
E mesmo assim nossos antepassados construíram reinos
Que não são nossos nem vivemos lá
Como aspecto inerente do nosso assentamento e nossa consequente migração.
Esta actual Lei de Terras Indígena diz-nos para
Sair, quando não temos dinheiro para pagar.
Sair, quando a vizinhança é hostil.
Sair, porque nossas visitas forem barulhentas.
Sair, porque os vizinhos reclamaram.
Sair, porque os três cães encoleirados precisam de mais espaço no pavimento.

Sair, porque vou-vos atropelar porque não vejo vossa cor.
Tirar as duas últimas sílabas do teu nome do BI, para podermos engolir quem és.
Tirar a criança para outra escola, a nossa está cheia (atingimos a quota para... esquece).
Sair, quando não tens reserva, não há mais mesas neste restaurante.
Não! Essas estão reservadas.
Sair, quando não te dás com o Senhorio.
Os auto-nomeados Senhores desta terra
Estão a pedir-te para sair,
Para mudar,
Para dobrar,
Para saltar,
Para mendigar,
Para te tornares sobras,
Para te tornares palatável,
Para encolheres,
Para continuares a explicar,
Para seres a explicação,
Para seres o bode expiatório,
Para seres bode de facto,
Para seres matadouro e sacrifício
Mas não fales sobre sangue derramado,

Para pedires desculpas,
Para seres desculpa,
Para seres marioneta e fios e aplauso e quem varre o palco.
Nesta Lei de Terras Indígena,
Somos o espectáculo,
Os macacos,
O trocadilho,
Os visuais poéticos para a visita guiada ao township.
Nossos corpos são agora casas devolutas,
Nossas gargantas demolidas,
Nossas palavras são o entulho,
Nossos pertences tonados irreconhecíveis
Enquanto nos arrancam de nossa pele,
Esquivando tentativas de assassinato que parecem
Picnics e selfies com a lei
E poses de yoga durante as marchas de feriado.
Dizendo-nos que nossos movimentos não importam
A menos que estejamos a sair da frente,
Ou a sair para abrir caminho,
Ou a sair,
Ou a mudarmo-nos para ocupar como sardinhas, quadrados de lata que eles chamam de casas.
E a menos que nosso movimento seja sobre Mandela

Não importa,
Então mudem para outro lugar.
Desde que não seja no topo da montanha,
Porque a montanha é para as faixas deles
E afinal de contas, tu, tu não podes subir a montanha
não te pertence.

Como todo o resto por aqui.

# KAKSTAD

África do Sul tem uma intimidade antiga com
"Slegs Blankes"

Slegs Blankes em Hout Bay
*Slegs Blankes em Camps Bay*
*Slegs Blankes na Table Mountain*
*Slegs Blankes na Promenade*

*Para mais informações visita as redes sociais*

*ou*

www.brancxs-invasores-desde1652.co.za

# LOCAL

Minha língua materna
assenta na minha garganta como uma alergia

É como morrer se falar
E morrer se não falar

Carrego uma bolsa
Para passar a noite
Uma bolsa de truques
Uma kit de sobrevivência
Uma mala de certos e errados

Não há espaço para emalar
ou desemalar minhas histórias ou meus eus

tento mover-me
sem atrair maningue atenção
a tudo que não tenho
a tudo que perdi

a tudo que me roubaram

# RESSUREIÇÃO

As campas sangram trauma
As memórias dizem, *deixem-me sair*
Os massacres dizem, *recordem-me*
As campas dizem, *ainda dói*
Os esqueletos apontam onde dói

O sangue diz, *encontrem-me nas mãos dx perpretador*
O sangue diz, *lavem-me do corpo dx* vítima

O sangue diz, *não deixem as crianças verem a água do banho*
O sangue diz, *não deixem os jovens se lavarem nela*

O sangue diz, *campa não é lugar para sarar*

Bastante sangue derramado para mapear os países que inundou
Bastante sangue perdido para nós morrermos
Bastante sangue de sobra para vivermos

Suas línguas ardem em nossas bocas
Quando falamos da nossa história, apagamos o fogo

# APARTHEID[5]

5 Um genocídio que perdura no township.

# DOMINGO

Que histórias o púlpito e bancos de igreja devem encenar
quando os santos vão para casa:
O tal, matando no espírito.
O outro, caído em línguas.
A escultura do Jesus branco de fio dental,
a descer da cruz de madeira,
buscando os restos do vinho da comunhão
no escuro, de gatas.
Maria na pia baptismal,
a queixar-se dos níveis de ruído, de novo.

Na próxima semana,
alguém devia dizer aos Pretos
para pararem de vomitar rescaldos do colonialismo
quando dizem
ámen.

A igreja
não foi construída para
esse tipo de sarar.

# ALÉM

pecado
não serão os actos
que levarão pretos ao inferno
pecado serão os actos
que cometeremos em nome da revolução

inferno
serão as campas dos nossos antepassados viradas do avesso
para vingar a verdade

o que esperavas,
vivendo numa casa assombrada
e auto denominando-te livre ou perdoado?

diz-lhes que Aleluia soa a
pretos
arrotando:
JUSTIÇA!
JUSTIÇA!
JUSTIÇA!
JUSTIÇA!
JUSTIÇA!

JUSTIÇA!
JUSTIÇA!
JUSTIÇA!
JUSTIÇA!

Koleka Putuma é poeta, dramaturga e encenadora premiada. As suas peças teatrais incluem UHM (2014), Woza Sarafina (2016), e Mbuzeni (2017/8). É autora de Ekhaya (para crianças dos 2 aos 7 anos), e SCOOP: Kitchen play para encarregados e bebés, a primeira peça teatral sul-africana para o público dos 0 aos 12 meses de idade.

Putuma foi nomeada directora criativa da Conferência Design Indaba 2019. Foi uma das quatro finalistas da iniciativa Rolex Mentor and Protégé Arts para o teatro.

É uma das Under 30 homenageadas pela Forbes Africa, além de ter sido galardoada com os prémios de dramatargia: Imbewu Trust Scribe Playwriting, Mbokodo Rising Light, CASA e Distell 2019 para a peça Nada de Domingo de Páscoa para Queers, publicada pela Junkets em Fevereiro de 2020, encenada com plateia esgotada no Market Theatre em 2019.

Koleka Putuma é a Fundadora e Directora da Manyano Media, uma empresa criativa multidisciplinar que produz e defende o trabalho e histórias de artistas negros queer e vida queer.

Publicações e mais disponível em kolekaputuma.com

**Traduções de Amnésia Colectiva**

Dinamarquês, Kollecktivt Hukommelsestab, Pub. Rebel With A Cause (2019)

Espanhol, Amnesia Colectiva, Pub. Flores Raras (2019)

Alemão, Kollektive Amnesie, Pub. Wunderhorn Verlag (2019)

Sueco, Kollektiv minnesförlust, Pub. Ramus. (2020)

Holandês, Collectief - geheugenverlies Pub. Poëziecentrum (2020)

Italiano, Pub. Arcipelago Itaca (2021)

## A PUBLICAÇÃO DESTE LIVRO FOI POSSÍVEL GRAÇAS AO GENEROSO APOIO DE:


Carlos De Lemos

Master Power Technologies Moçambique S.U., Lda.

Abiba Abdala

Abílio Coelho

Almir Tembe

Ana Catarina Teixeira

Ângela Marisa Baltazar Rodrigues Bainha

Antonella De Muti

Carla Marília Mussa

Carlos Jorge 'Cajó' Jama

Celma Mabjaia

Celso Tamele

Dalva Isidoro

Eduardo Quive

Elcídio Bila

Emanuel Andate

Euzébio Machambisse

Hermenegildo M. C. Gamito

Hugo Basto

Ilka Collison

Inês Ângelo Tamele Bucelate

Jéssica Brites

João Raposeiro

José dos Remédios

Lucas Muaga

Manuel Bernardo 'Julião' Boane

Maria Gabriela Aragão

Muzila Nhatsave

Pincal Motilal

Pretilério Matsinhe

Ricardo Dagot

Sónia Pandeirada Pinho

Tina Lorizzo

Virgília Ferrão

**O SEU NOME TAMBÉM PODE CONSTAR NESTE E NOUTROS LIVROS**

## SUBSCREVA OU OFEREÇA UMA SUBSCRIÇÃO AOS SEUS AMIGOS E FAMILIARES

Além das vendas na livraria, a Editora Trinta Zero Nove conta com subscrições de pessoas como você para poder lançar as suas publicações.

Os nossos subscritores ajudam, não só a concretizar os livros fisicamente, mas também a permitir-nos abordar autores, agentes e editores, por podermos demonstrar que os nossos livros já têm leitores e fãs. E dão-nos a segurança que precisamos para publicar em linha com os nossos valores literários e de responsabilidade social.

Subscreva aos nossos pacotes de 3, 6 ou 12 livros e/ou audiolivros por ano e enviaremos os livros ao domicílio antes da publicação e venda nas livrarias.

**Ao subscrever:**

- receberá uma cópia da primeira edição de cada um dos livros que subscrever
- receberá um agradecimento personalizado com o seu nome impresso na última página dos livros publicados com o apoio dos subscritores
- receberá brindes diversos e convites VIP para os nossos eventos e lançamentos

Visite www.editoratrintazeronove.org ou ligue para nós pelo 87 700 30 09 ou envie-nos um WhatsApp para 84 700 30 09 para apoiar as nossas publicações ao subscrever os livros que estamos a preparar.

SEJA BEM-VINDO

À EDITORA TRINTA ZERO NOVE

damos voz às estórias

Para os leitores de palmo e meio - Infanto-juvenil

**Akissi, o ataque dos gatos** *de Marguerite Abouet, França*

**O menino e a velhinha das flores** *de Samira Weng e Silvia Toson, Moçambique*

**Ana e os três gatinhos** *de Amina Hachimi Alawi, Marrocos*

**Sabes o que eu vejo?** *de Amina Hachimi Alawi, Marrocos*

**A rota dos espiões** *de Manu e Deepak, Índia*

**Eu rezemos só que me safo** *sessenta redacções de crianças Napolitanas, de Marcello D'Orta, Itália*

**O Mundo é Meu** *de Tahmineh Haddadi, Irão*

**Caderno de rimas do João** *de Lázaro Ramos, Brasil*

**Caderno sem rimas da Maria** *de Lázaro Ramos, Brasil*

**O cabelo de Cora** *de Ana Zarco Câmara, Brasil*

**Lengalenga** *de Luci Sacoleira, Brasil*

**Sulwe** *de Lupita Nyong'o, EUA*

**Fazia-se cá esqui?** *de Raymond Antrobus e Polly Dunbar, Reino Unido*

**O pescador de plástico e outras profissões do futuro** *de Sofia Erica Rossi, Itália*

**Sonho de empréstimo** *de Luigi Garlando, Itália*

**As aventuras do jovem Lupin** *de Marta Palazzesi, Itália*

**Uma família como qualquer outra!** *de Lawrence Schimel e Elina Braslina, Espanha*

**Que menino de sorte!** *de Lawrence Schimel, Espanha*

**Não quero estar aqui** *de Lawrence Schimel, Espanha*

**Lê um livro comigo?** *de Lawrence Schimel, Espanha*

**Bina e o arco-íris** *de Lisbel Gavara, Espanha*

**Jonas** *de Amal Nasser e Anita Barghigiani, Emiratos Árabes Unidos*

**Capital Mundial do Livro** *de Bodour Al Qasimi e Denise Damanti, Emiratos Árabes Unidos*

**Lenço de Dormir da Mamã** *de Chimamanda Ngozi Adichie e Joelle Avelino, Nigéria*

**Menina Mandioca** *de Rita Carelli e Luci Sacoleira, Brasil*

**Os Irmãos** *de Patrícia Auerbach e Roberta Asse, Brasil*

Colecção (en)cont(r)os – Conto

**Não tentem fazer isto em casa** *de Angela Readman, Reino Unido*

**Líquida** *de Anna Felder, Suíça*

**Rafeiros em Salónica** *de Kjell Askildsen, Noruega*
**Intrusos** *de Mohale Mashigo, África do Sul*
**Bagdade Noir** *de Samuel Shimon, Iraque*
**Beirute Noir** *de Iman Humaydan, Líbano*
**Acho que a Drag Queen é um Elfo** *colectânea do Concurso de Tradução Literária 2023*
**Povo alegremente nu** *colectânea do Concurso de Tradução Literária 2022*
**Shamisos e outros contos** *colectânea do Concurso de Tradução Literária 2021*
**Involução e outros contos** *colectânea do Concurso de Tradução Literária 2020*
**O Redentor do Mundo** *colectânea do Concurso de Tradução Literária 2019*
**No oco do Mundo** *colectânea do Concurso de Tradução Literária 2015-2018*

Colecção (des)temidos - Romance

**Não vás tão docilmente** *de Futhi Ntshinguila, África do Sul*
**Eu não tenho medo** *de Niccolò Ammaniti, Itália*
**Cidade Submersa** *de Marta Barone, Itália*
**A nova estação** *de Silvia Ballestra, Itália*
**Livrinho de entomologia Fantástica** *de Fulvio Ervas, Itália*

**Teodoro** *de Melissa Magnani, Itália*
**O céu** é um disco azul *de Carolina Schutti, Áustria*
**Canção de Embalar Menino Grande** *de Conceição Evaristo, Brasil*

Colecção (uni)versos – Poesia

**feeling e feio** *de Danai Mupotsa, África do Sul*
**A Perseverança** *de Raymond Antrobus, Reino Unido*
**Amnésia colectiva** *de Koleka Putuma, África do Sul*

Não-ficção

**Meu Nome é Porquê** *de Lemn Sissay, Reino Unido*
**Olá** mãe *de Polly Dunbar, Reino Unido*
**Minha terra é onde eu estiver** *de Igiaba Scego, Itália*

www.ingramcontent.com/pod-product-compliance
Ingram Content Group UK Ltd.
Pitfield, Milton Keynes, MK11 3LW, UK
UKHW021933190726
13853UKWH00004B/1409